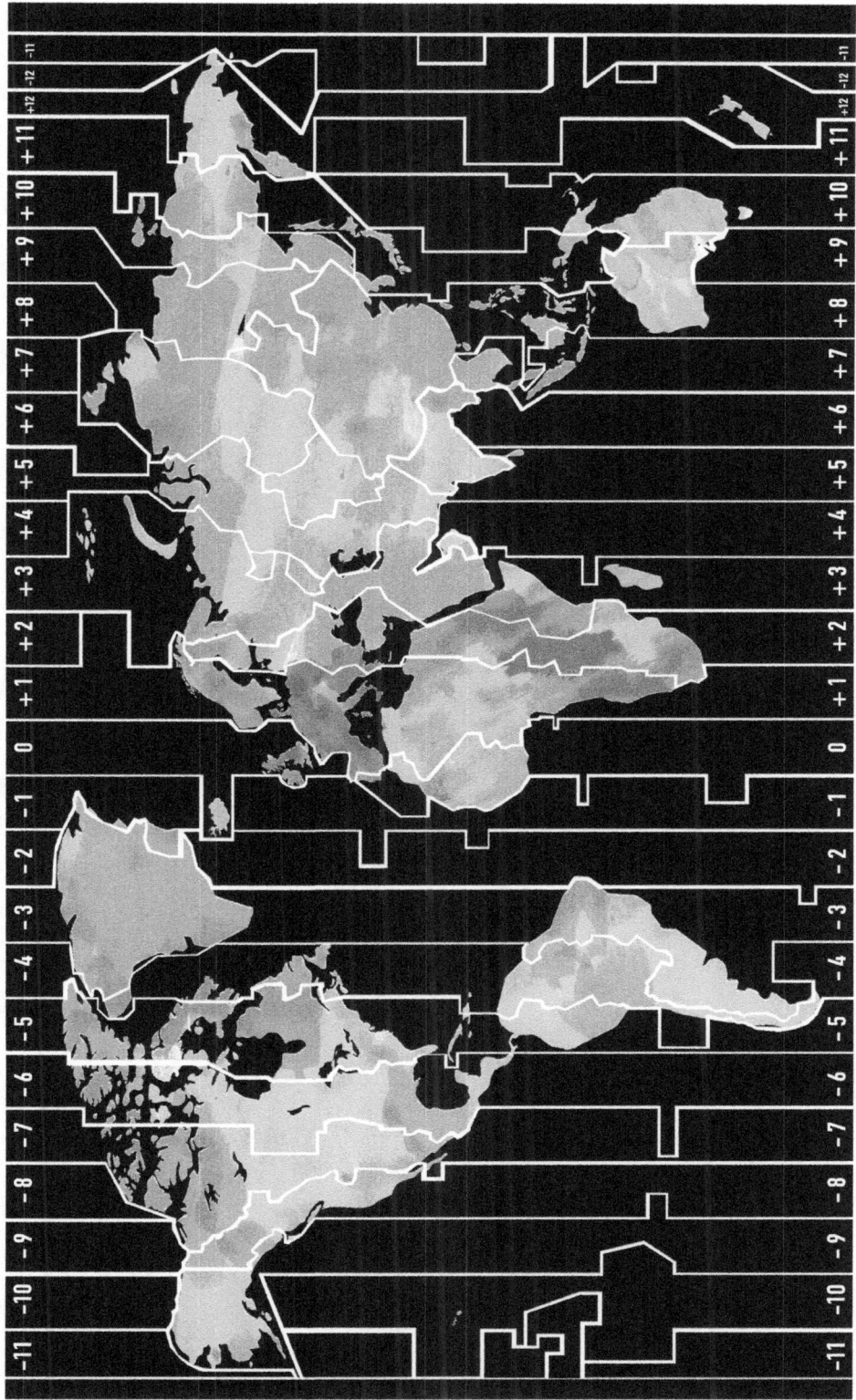

MAPA DE HUSOS HORARIOS

DESTINO:

COSAS DE INTERES SOBRE LA REGION Y LA CULTURA:

LISTA DE COSAS PARA METER EN LA MALETA:

- [ ]
- [ ]
- [ ]
- [ ]
- [ ]
- [ ]
- [ ]
- [ ]
- [ ]
- [ ]
- [ ]
- [ ]
- [ ]
- [ ]
- [ ]
- [ ]
- [ ]
- [ ]
- [ ]
- [ ]
- [ ]
- [ ]
- [ ]
- [ ]
- [ ]
- [ ]
- [ ]
- [ ]
- [ ]
- [ ]
- [ ]

COSAS QUE HACER ANTES DE SALIR:

☐
☐
☐
☐
☐
☐
☐
☐
☐
☐
☐
☐
☐
☐
☐
☐
☐
☐
☐
☐
☐
☐
☐
☐
☐
☐
☐
☐
☐
☐
☐
☐

LISTA DE METAS Y SUEÑOS QUE CUMPLIR:

- [ ]
- [ ]
- [ ]
- [ ]
- [ ]
- [ ]
- [ ]
- [ ]
- [ ]
- [ ]
- [ ]
- [ ]
- [ ]
- [ ]
- [ ]
- [ ]
- [ ]
- [ ]
- [ ]
- [ ]
- [ ]
- [ ]
- [ ]
- [ ]
- [ ]
- [ ]
- [ ]
- [ ]
- [ ]
- [ ]
- [ ]
- [ ]
- [ ]

PRESUPUESTO

_____		
_____		
_____		
_____		
_____		
_____		
_____		
_____		
_____		
_____		
_____		
_____		
_____		
_____		
_____		
_____		
_____		
_____		
_____		
_____		
_____		
_____		
_____		
_____		
_____		
_____		
_____		

TOTAL: **TOTAL:**

LUGAR: FECHA:

.

LUGAR: FECHA:

LUGAR: FECHA:

LUGAR: FECHA:

LUGAR: FECHA:

LUGAR: FECHA:

DESTINO:

COSAS DE INTERES SOBRE LA REGION Y LA CULTURA:

LISTA DE COSAS PARA METER EN LA MALETA:

COSAS QUE HACER ANTES DE SALIR:

☐
☐
☐
☐
☐
☐
☐
☐
☐
☐
☐
☐
☐
☐
☐
☐
☐
☐
☐
☐
☐
☐
☐
☐
☐
☐
☐
☐
☐
☐

LISTA DE METAS Y SUEÑOS QUE CUMPLIR:

- [ ]
- [ ]
- [ ]
- [ ]
- [ ]
- [ ]
- [ ]
- [ ]
- [ ]
- [ ]
- [ ]
- [ ]
- [ ]
- [ ]
- [ ]
- [ ]
- [ ]
- [ ]
- [ ]
- [ ]
- [ ]
- [ ]
- [ ]
- [ ]
- [ ]
- [ ]
- [ ]
- [ ]
- [ ]
- [ ]

PRESUPUESTO

| TOTAL: | TOTAL: |

LUGAR: FECHA:

LUGAR: FECHA:

LUGAR: FECHA:

LUGAR: FECHA:

LUGAR: FECHA:

LUGAR: FECHA:

LUGAR: FECHA:

LUGAR: FECHA:

LUGAR: FECHA:

jonathan kuhla
tempelhofer ufer 15
109 63 berlin
mail: jonathankuhla@gmail.com
germany

Made in the USA
Las Vegas, NV
30 April 2022